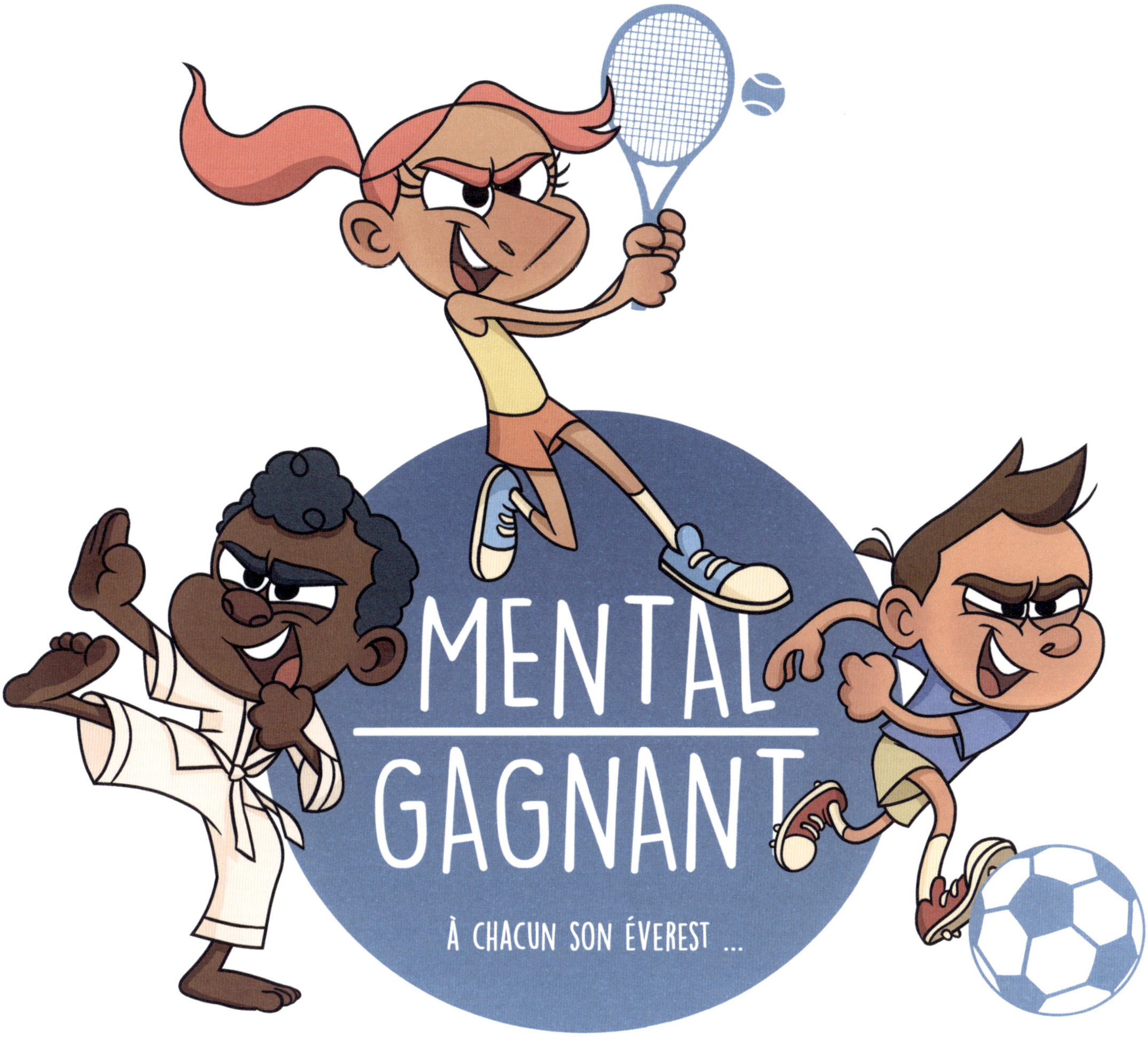

MENTAL GAGNANT

À CHACUN SON ÉVEREST ...

SCENARIO
Christian
RAMOS

DESSIN
Mathias
BORIE

MENTAL plus

18, rue de Boulzanne
11230 Tréziers

Dépot légal : décembre 2020
ISBN: 2-9520589-3-8

Loi du n° 49-956 du 16 Juillet 1949
sur les publications destinées à la jeunesse

Imprimé par Art & Caractère, 87 rue Gutenberg 81502 Lavaur
Achevé d'imprimer en Décembre 2020

CHAPITRE I

SAVOIR ANTICIPER

CONSEILS POUR TES PARENTS

CHAQUE ENFANT DOIT APPRENDRE À :

- DÉTERMINER CE QU'IL VEUT.
- SE PRÉPARER UNIQUEMENT SUR CE QU'IL PEUT CONTRÔLER (SON MATÉRIEL, SA TECHNIQUE...).
- S'ADAPTER EN PERMANENCE AUX FACTEURS EXTERNES (LES CONDITIONS MÉTÉO, SES ADVERSAIRES...).

LE RÔLE DES PARENTS :

- LAISSER À L'ENFANT LA POSSIBILITÉ DE CHOISIR SON ACTIVITÉ.
- L'ENCOURAGER À PRÉPARER SES AFFAIRES LA VEILLE.
- LUI RAPPELER QU'IL DOIT AVANT TOUT S'AMUSER EN EXPRIMANT SES QUALITÉS.

JE ME DONNE LES MOYENS DE RÉUSSIR

... je n'en peux plus ...
Tiens ! Tu dois t'HYDRATER !
Prendre soin de son PHYSIQUE c'est la base !
Sois LÉGÈRE ! Avance à ton rythme !
... DÉROULE bien ton pied ...
Allez-y ! Je vais vous ralentir ...
... la TECHNIQUE c'est essentiel !

Je n'y arriverai pas ...
Tu es costaud ! RELÂCHE-TOI pour mieux utiliser ta FORCE !
le MENTAL, ça fait toute la différence !
ON A RÉUSSI !!
J'atteins mes objectifs uniquement si je mets en place des moyens PHYSIQUES, TECHNIQUES et MENTAUX !

JE PRÉPARE MON ENTRAÎNEMENT

Allez les GARS ! On se MOTIVE !
Allez ... mets-y un peu du tien ...
Bon ... Si tu n'as pas envie, vas t'asseoir !
DING DING
ACE2BOOK
110

COACH, COACH !
Je suis MOTIVÉ !
Allez CHAMPION ! Montre-moi !
J'ai le pouvoir de faire ÉVOLUER ma motivation pour TOUJOURS m'entraîner à 100% de mon potentiel du jour !

JE PRÉPARE UN GESTE DE PRÉCISION

Bonne Chance !
Merci mais...
... on m'appelle le Robin des Bois dans le milieu ...
HÉ ! Bien joué Robin !!

EH OH ! C'EST PAR ici !!
Allez... je me concentre ...
GRAND & ENGAGÉ
STABLE
FLUIDE &
RAPIDE
Je construis ma routine de PRÉPARATION à partir de mes sensations !

JE PRÉPARE MA COMPÉTITION

ACTION
& FLUIDITÉ
VERS L'AVANT,
ATTAQUE !
TONIQUE,
RELÂCHÉE, ..
... PLACÉE
PUISSANTE !

PLAISIR ...
STABLE ...
GÉNÉREUSE ...
... & COOL
... EN ACTION
Allez, c'est PARTI !!
Je me prépare d'abord à adopter le bon état d'esprit pour prendre du PLAISIR, exprimer toutes mes QUALITÉS et libérer ma TECHNIQUE !!

SI TU SOUHAITES

T'ENTRAÎNER COMME LES CHAMPIONS !

"UNE DES CLÉS DU SUCCÈS EST LA CONFIANCE EN SOI. UNE DES CLÉS DE LA CONFIANCE EN SOI EST LA PRÉPARATION"
ARTHUR ASHE, TENNISMAN PROFESSIONNEL (1943–1993)

- LE CHAMPION SE PRÉPARE MINUTIEUSEMENT POUR SE LIBÉRER EN COMPÉTITION.
- IL A COMPRIS QUE PLUS SA PRÉPARATION EST SÉRIEUSE, PLUS SES DIFFICULTÉS DIMINUENT.
- IL SAIT QUE POUR ATTEINDRE SON BUT, IL DOIT D'ABORD SE CONCENTRER SUR SA PRÉPARATION.

POUR T'ENTRAÎNER COMME UN CHAMPION, TU DOIS :

- APPRENDRE À TE PRÉPARER.
- ANTICIPER TOUS TES ENTRAÎNEMENTS, TOUTES TES COMPÉTITIONS.
- DÉCIDER D'ÊTRE TOUJOURS POSITIF ET ENTHOUSIASTE.

JE M'ENTRAÎNE À ME DYNAMISER

Hey! Ça va?!
BOF... je suis crevé...
Allez s'il vous plaît! Rassemblez-vous! On commence avec une séance de DYNAMISATION PHYSIQUE & MENTALE
Allez on sautille! N'oubliez pas vous-êtes...
...toniques
...relâchés
... et vigilants

TRÈS BIEN !! Maintenant ETIREZ-VOUS ! GRANDISSEZ-VOUS !! Imaginez que vous dominez un adversaire
Grâce à cette séance, vous vous sentirez FORTS et en CONFIANCE pour votre journée
Allez TONIQUE & RELÂCHÉ ...
... VIGILANT ...
... et FORT !!
J'ai le pouvoir de CHOISIR les émotions qui m'accompagneront toute la journée pour être POSITIF et ENTHOUSIASTE !

CHAPITRE II
TOUJOURS PROGRESSER

CONSEILS POUR TES PARENTS

CHAQUE ENFANT DOIT APPRENDRE À :

- TRAVAILLER SÉRIEUSEMENT TOUT EN S'AMUSANT.
- SE CONNAÎTRE.
- IMAGINER, VISUALISER.

LE RÔLE DES PARENTS :

- ÊTRE EXIGEANTS MAIS TOUJOURS POSITIFS.
- AIDER L'ENFANT À ÉVALUER SES PROGRÈS.
- RESTER PATIENTS.

JE SUIS LE PRINCIPAL ACTEUR DE MES APPRENTISSAGES

le TIR à l'AMBLE c'est comme...
... faire des ricochets !
le Kung Fu c'est comme ...
... le calcul d'un angle en mathématiques!

Le TIR c'est comme...
... une bataille de POLOCHONS !
Si je le décide, TOUTES mes activités me permettent de PROGRESSER dans mon sport !

JE M'IMAGINE FAIRE AUSSI BIEN QUE LE CHAMPION

À L'AAAIDE!!
?!

Oh... merci !
Je dois prendre exemple sur le CHAMPION pour comprendre comment il a réussi !

JE RENFORCE MA CONFIANCE

Allez mon BEAU! Prépare-toi pour ...
... le SAUT!
SUPER! On passe à l'OXER! Surtout pense à regarder LOIN devant toi!
TRÈS BIEN !! Pense à plus l'ACCOMPAGNER avec tes jambes la prochaine fois!

Allez je mémorise ma technique !
Je regarde loin ...
... j'accompagne avec mes jambes !
Je renforce ma CONFIANCE pendant mon entraînement en retenant toutes les réponses JUSTES et toutes les sensations POSITIVES !!

JE MAÎTRISE PARFAITEMENT LES RÈGLES DU JEU

BIIIIIP !!
Lorsque vous touchez la ligne avec votre pied ou que vous sortez du terrain avec le ballon ...
... il y a TOUCHE !
EXT
INT
EXT
INT
Si le ballon est à l'extérieur du terrain sans être en contact avec le SOL et vos pieds à l'intérieur du terrain ...
EXT
INT
EXT
INT
... il y a JEU !!

OK COACH
Lorsque je maîtrise la RÈGLE, je joue avec elle et je suis plus EFFICACE!!

SI TU SOUHAITES T'ENTRAÎNER COMME LES CHAMPIONS !

"TOUTE MA CARRIÈRE A CONSISTÉ À REPOUSSER MES LIMITES DANS LE BUT DE TOUT RÉUSSIR."
J. WILKINSON, INTERNATIONAL ANGLAIS DE RUGBY, NÉ EN 1979

- LE CHAMPION A COMPRIS QU'IL ÉTAIT LE PRINCIPAL ACTEUR DE SES APPRENTISSAGES.
- IL SAIT QUE LA RÉUSSITE PRÉCÈDE LE TRAVAIL UNIQUEMENT DANS LE DICTIONNAIRE.
- IL SAIT QUE LES SPORTIFS QUI TRAVAILLENT DUR RÉUSSISSENT MIEUX QUE CEUX QUI SE REPOSENT SUR LEUR TALENT.

POUR T'ENTRAÎNER COMME UN CHAMPION, TU DOIS :

- T'IMAGINER RÉUSSIR.
- IMAGINER COMMENT TU VAS RÉUSSIR.
- DÉCIDER DE TRAVAILLER DUR MAIS TOUJOURS AVEC PLAISIR.

JE JOUE DANS MA TÊTE GRÂCE À L'IMAGERIE

Je joue dans ma tête pour mieux COMPRENDRE, mieux RETENIR et PROGRESSER plus vite !!

CHAPITRE III

GÉRER LES MOMENTS DÉCISIFS

CONSEILS POUR TES PARENTS

CHAQUE ENFANT DOIT APPRENDRE À :

- DÉTOURNER SON ATTENTION DE L'OBSESSION DU RÉSULTAT.
- SE RECENTRER SUR LES MOYENS (SES CAPACITÉS PHYSIQUES, TECHNICO-TACTIQUES ET MENTALES).
- S'ADAPTER EN PERMANENCE À LA SITUATION.

LE RÔLE DES PARENTS :

- FAIRE PREUVE D'ENTHOUSIASME AFIN QUE L'ENFANT RESSENTE UN SOUTIEN ÉMOTIONNEL POSITIF.
- ENCOURAGER L'EFFORT QUEL QUE SOIT LE RÉSULTAT.
- VALORISER L'ATTITUDE DE L'ENFANT LORQU'ELLE EST POSITIVE.

JE SAIS GÉRER LA PRESSION

Les participants sont dans les starting-blocks ...
À vos marques ...
PRÊTS ...
PARTEEEZ
La victoire est à MOI !!

Allez ... je dois gagner ...
1ST
1
2
3
Lorsque je suis déjà TRÈS MOTIVÉ, penser au résultat pendant ma course AUGMENTE la pression !

JE RESTE CONCENTRÉ MÊME SI JE DOMINE

FIN du 2e TIERS TEMPS
05 2 01
LOCAUX VISITEURS
20:00
OK les gars ! Le score est FAVORABLE !! Pour assurer notre avance, notre défi sera DÉFENSIF !
... plus rapides, plus mobiles...
... et plus denses !

OK les GARS
LE MATCH REPREND !
C'EST PARTI !!
Lorsque je domine LARGEMENT, je me donne des défis pour maintenir ma MOTIVATION et ma CONCENTRATION

JE RESTE MOTIVÉ CONTRE UN ADVERSAIRE PLUS FORT

Les joueurs entrent sur le terrain ...
Bonne chance pour le match, petit !
1er SET
Je ne sais pas ce que vous en pensez mon cher Christian, mais j'ai bien l'impression que le GRAND gaillard est en position de FORCE !
1er SET = 3 - 21
2e SET
FORCE
FAIBLESSE

2e SET = 21 - 19
3e SET = 21 - 15
Lorsque je suis dominé, je cherche d'abord à CONTRAINDRE mon adversaire avant de vouloir IMPOSER mon jeu !

J'UTILISE DES DÉCLENCHEURS DE PERFORMANCE

5
5
8

OK.. Allez ! GRANDE !
GRANDE !!
Pour me grandir, je POUSSE FORT sur mes jambes
Pour libérer mon geste TECHNIQUE je balise mon parcours de DECLENCHEURS de performance !

SI TU SOUHAITES T'ENTRAÎNER COMME LES CHAMPIONS !

" CHAQUE DIFFICULTÉ RENCONTRÉE DOIT ÊTRE L'OCCASION D'UN NOUVEAU PROGRÈS. "
PIERRE DE COUBERTIN, ÉDUCATEUR FRANÇAIS ET FONDATEUR DES JEUX OLYMPIQUES MODERNES (1863-1937)

- LE CHAMPION A APPRIS À SORTIR DE SA ZONE DE CONFORT.
- IL RECHERCHE LA CONFRONTATION CONTRE DES ADVERSAIRES AUSSI FORTS OU PLUS FORTS QUE LUI.
- LORSQU'IL RENCONTRE LA DIFFICULTÉ, IL ACTIVE SA MOTIVATION ET SA CONCENTRATION CAR IL SAIT PARFAITEMENT GÉRER SES ÉMOTIONS.

POUR T'ENTRAÎNER COMME UN CHAMPION, TU DOIS :

- ACCEPTER LA DIFFICULTÉ.
- CONTINUER À T'IMPLIQUER, À PRENDRE DES INITIATIVES EN ACCEPTANT LA POSSIBILITÉ DE TE TROMPER.
- APRÈS L'ENTRAÎNEMENT OU LA COMPÉTITION, TROUVER LES RÉPONSES AUX PROBLÈMES QUE TU N'AS PAS PU RÉSOUDRE PENDANT.

J'ACCEPTE LES ENTRAÎNEMENTS DIFFICILES

Alors l'entraînement ?!
SUPER !!!
Le coach est en FORME aujourd'hui ...
OK ! Alors à nous DEUX COACH !!
Allez C'EST PARTI !!
Allez ON SE MOTIVE !
TIENS-TOI DROIT !!
Allez, Allez !
PLUS VITE
APPUIE
PLUS FOOORT
T'ES À FOND LÀ
TIENS LE RYTHME
REGARDE BIEN DEVANT TOI !!
RAPIDE
SOIS SOUPLE
Allez on s'adapte à TOUTES les conditions METÉO !

... à tous les RELIEFS
... même sous le DÉLUGE !
BRAVO GAMIN! BON BOULOT!!
La contrainte est utile lorsqu'elle me permet de PROGRESSER et de mieux RÉUSSIR en compétition!

CHAPITRE IV

MIEUX RÉCUPÉRER

CONSEILS POUR TES PARENTS

CHAQUE ENFANT DOIT APPRENDRE À :

- SE DÉTENDRE.
- RÉCUPÉRER.
- TIRER PROFIT DE TOUTES SES EXPÉRIENCES.

LE RÔLE DES PARENTS :

- RÉCOMPENSER L'INVESTISSEMENT DE L'ENFANT QUEL QUE SOIT LE RÉSULTAT.
- L'AIDER À RETROUVER LE CALME.
- L'AIDER À S'AUTO-ÉVALUER.

JE SAIS RÉCUPÉRER TOUT AU LONG DE LA JOURNÉE

BIIIIP !!
BRAVO LES GARS !! PAUSE !
Et surtout pensez à bien RÉCUPÉRER !
Allez C'EST REPARTI !!

À DEMAIN LES GARS !!
BUS
Après l'entraînement, je RECUPÈRE !
Après les devoirs, je RECUPÈRE !
Après manger, je RÉCUPÈRE !
Après une BONNE journée, je RÉCUP... zzz
Plus je m'entraîne, plus je dois RÉCUPÉRER !

J'APPRENDS À ACCEPTER LA DÉFAITE

ZORRO
FANFAN LA TULIPE
DOM JUAN
LES 3 MOUSQUET
La défaite devient UTILE lorsqu'elle me permet de PROGRESSER !

JE RETIENS LES POINTS POSITIFS DE MA JOURNÉE

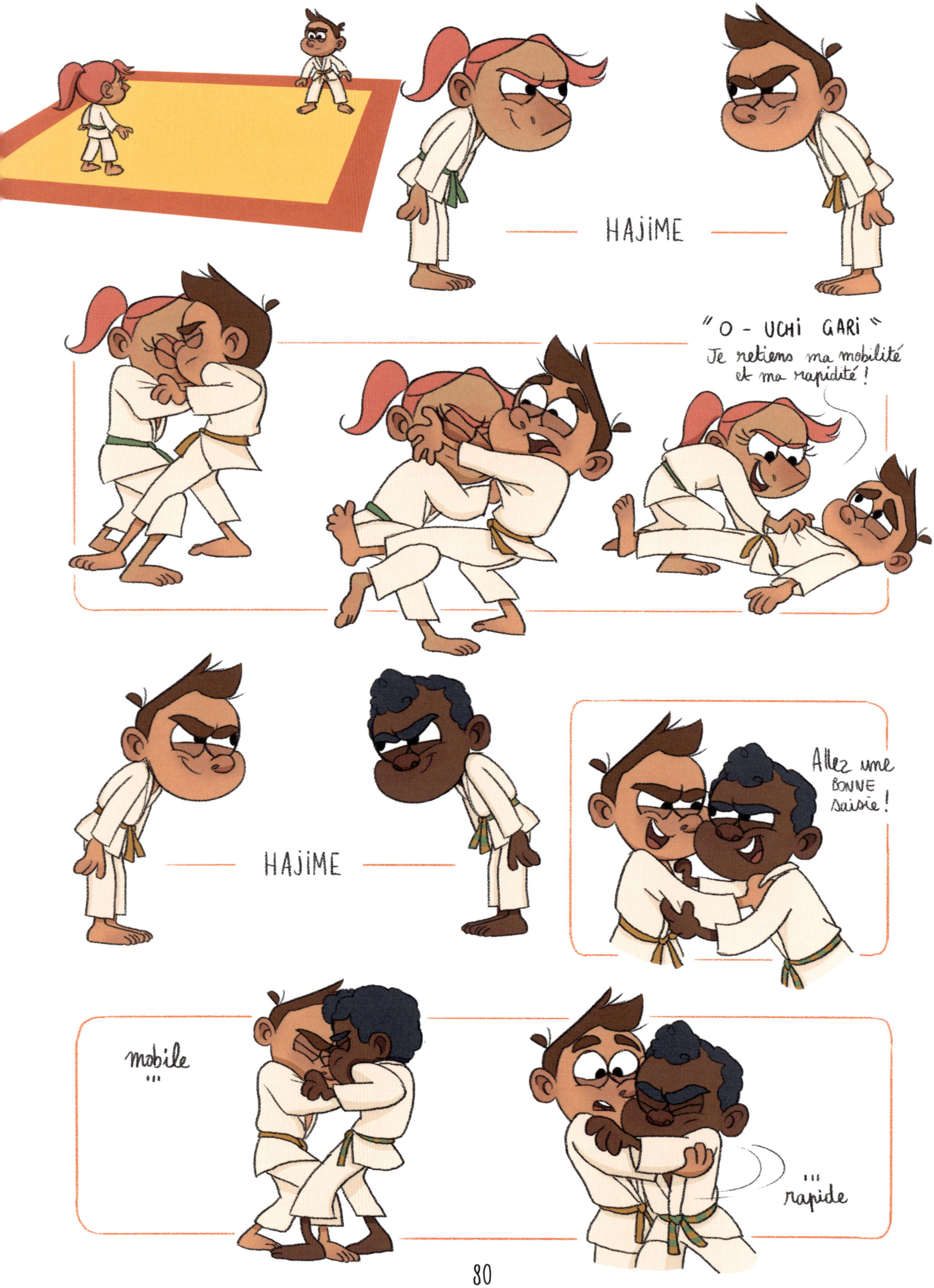
HAJiME
"O - UCHi GARi"
Je retiens ma mobilité et ma rapidité !
HAJiME
Allez une BONNE saisie !
mobile ...
... rapide

"SEOI NAGE" un bon coup d'ÉPAULE !
Je retiens ma vitesse d'exécution.
HAJIME
"UCHI MATA" le secret est dans la HANCHE !
Je retiens les bonnes sensations !
Tous les soirs je mémorise les points POSITIFS de ma journée !

JE DÉCIDE DE M'ENDORMIR TÔT ET RAPIDEMENT

22:00
T'ETEINS FRANK !
OUAAAis 5 MIN ...
22:30
23:30
00:00
00:30
07:30
15:00

21:00
MENTAL GAGNANT
Bonne Nuit TED !
Bonne Nuit !
21:30
Une bonne RESPIRATION VENTRALE pour BIEN m'endormir !
07:30
15:00
6
4
3
J'ai le POUVOIR de décider de m'endormir, si je réunis TOUTES les conditions NÉCESSAIRES !

SI TU SOUHAITES
T'ENTRAÎNER COMME LES CHAMPIONS

" IL N'Y A PAS DE MAÎTRISE À LA FOIS PLUS GRANDE ET PLUS HUMBLE QUE CELLE QUE L'ON EXERCE SUR SOI. "
LÉONARD DE VINCI, PEINTRE ITALIEN (1452–1519)

- LE CHAMPION CONNAÎT L'IMPORTANCE DU SOMMEIL.
- IL SAIT RÉCUPÉRER PHYSIQUEMENT ET NERVEUSEMENT.
- IL CONSTRUIT SES FUTURES RÉUSSITES AUTANT DANS LA VICTOIRE QUE DANS LA DÉFAITE.

POUR T'ENTRAÎNER COMME UN CHAMPION, TU DOIS :

- SAVOIR UTILISER TA RESPIRATION.
- CONCLURE TA JOURNÉE EN RETENANT LES POINTS POSITIFS.
- TE COUCHER TÔT ET T'ENDORMIR RAPIDEMENT CAR LA RÉCUPÉRATION EST UN FACTEUR ESSENTIEL DE LA PERFORMANCE.

J'APPRENDS À UTILISER MA RESPIRATION

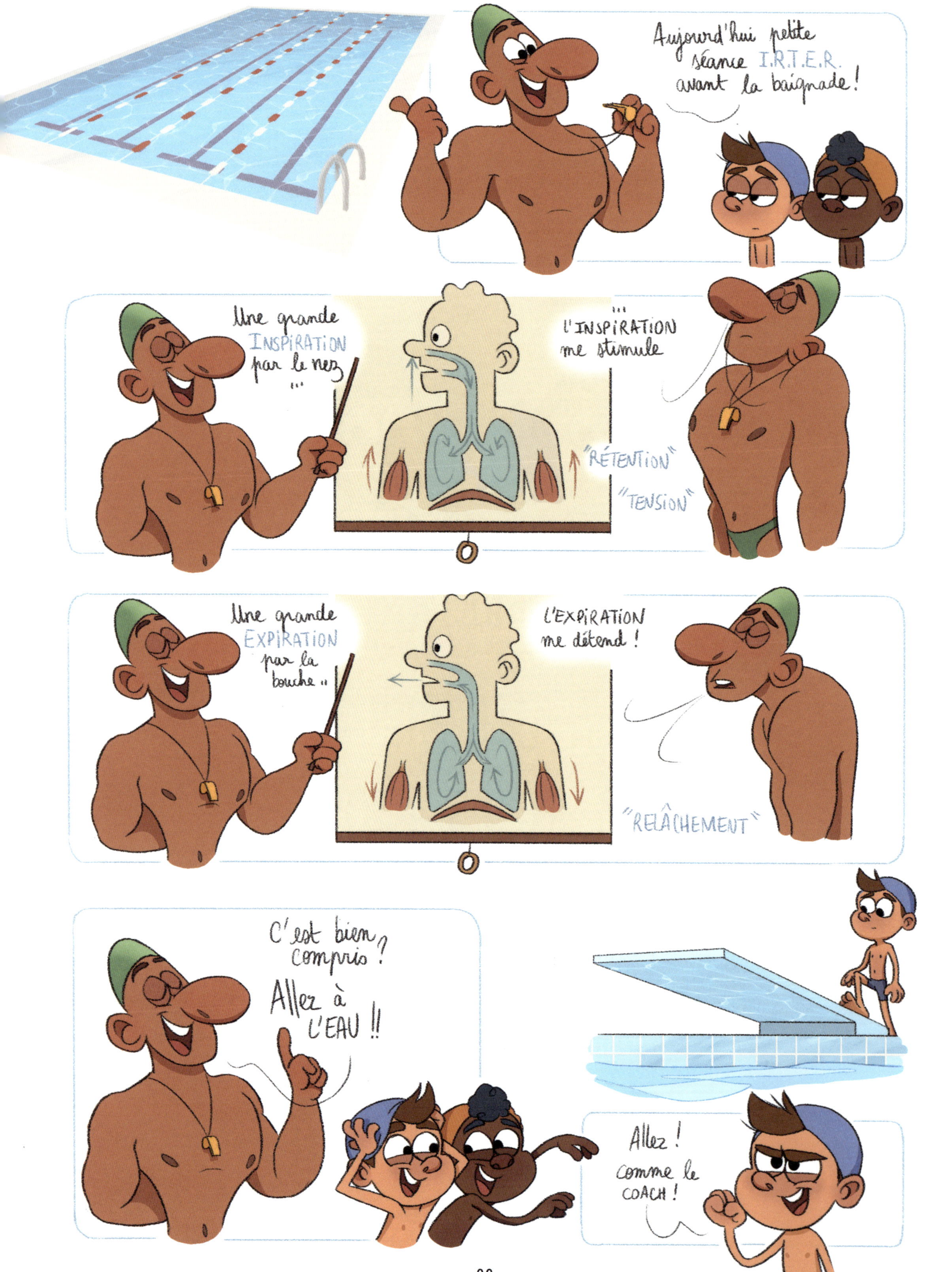

Aujourd'hui petite séance I.R.T.E.R. avant la baignade !
Une grande INSPIRATION par le nez ...
... l'INSPIRATION me stimule
"RÉTENTION"
"TENSION"
Une grande EXPIRATION par la bouche ..
L'EXPIRATION me détend !
"RELÂCHEMENT"
C'est bien compris ?
Allez à L'EAU !!
Allez ! comme le COACH !

INSPIRATION
TONIQUE
au départ ...
... FORT
sous l'eau ...
EXPIRATION
...
RELÂCHÉ
en l'air
L'EXPIRATION
me détend et
l'INSPIRATION
me stimule !

MAINTENANT,

À TOI DE JOUER !